64 Seiten für Entspannung

Sigrid Engelbrecht

64 Seiten für Entspannung

Die kleine Sofort-Hilfe

KREUZ

Inhalt

	Einleitung	7
1.	Warum wir Entspannung brauchen	8
2.	Entspannung mit dem Atem	10
3.	Achtsamkeit: innehalten und wahrnehmen	17
4.	Ruhebilder: Die Kraft der Imagination	25
5.	Meditation	29
6.	Entspannung mit allen Sinnen	35
7.	Entspannung durch Bewegung	44
8.	Entspannt und gelassen durch den Tag	48
9.	Mini-Entspannung für zwischendurch	52

Einleitung

Ist Ihr Alltag auch so turbulent? Geprägt von unterschiedlichsten Anforderungen, denen es gilt, gerecht zu werden? Scheint immer zu wenig Zeit vorhanden zu sein? Umso wichtiger ist es, sich gut entspannen zu können, damit die Anspannung sich immer wieder lösen kann. Was Sie tun können, um auch in einem stressreichen Alltag gut entspannen zu können, erfahren Sie in diesem Buch.

Es gibt viele Wege, die zu Entspannung und Erholung führen. Mir geht es darum, Methoden zu vermitteln, die Sie leicht in Ihren Alltag integrieren können. Mit den hier beschriebenen Übungen werden Sie in wenigen Minuten gelassener und können die vor Ihnen liegenden Aufgaben wieder frisch gestärkt angehen.

Entspannung wird wirksam im Tun.

Entspannung wird wirksam im Tun, in der regelmäßigen praktischen Anwendung. Gut ist, wenn Sie mehrere Methoden kennen, wie sie körperlich, mental und psychisch zur Ruhe kommen, und diese einzusetzen verstehen. Dann können Sie je nach Situation entscheiden, welche davon im Augenblick am besten passt.

Probieren Sie die einzelnen Entspannungsmethoden aus und integrieren Sie diejenigen Übungen in Ihren Alltag, bei denen Sie den deutlichsten Effekt verspüren.

1.

1. Warum wir Entspannung brauchen

Wenn im Alltagsleben die Balance zwischen Spannung und Entspannung, zwischen Belastung und Erholung ausgewogen ist, fühlen wir uns wohl in unserer Haut und sind optimal leistungsfähig. Wir brauchen Phasen der Anspannung und Aktivität ebenso wie Phasen des Loslassens und des Müßiggangs. Hier gilt es, das individuell stimmige Maß für uns selbst zu finden.

Im Leben der meisten Menschen überwiegt jedoch die Anspannung: Eine Fülle von Aufgaben und Pflichten wollen erledigt sein, Zeit- und Termindruck drängen, gleichzeitig sind wir einem Überangebot an optischen und akustischen Reizen ausgesetzt, die wir „nebenbei" auch noch verarbeiten müssen. Wird die damit verbundene Anspannung nicht durch eine nachfolgende Entspannung wieder ausgeglichen, geraten Psyche und Körper unter Druck, buchstäblich: Der Blutdruck und die Herzfrequenz steigen an, wir werden ungeduldig, gereizt und fühlen uns irgendwann ausgelaugt und erschöpft. Wenn wir schon über längere Zeit hinweg Raubbau an unseren Kräften betrieben haben, dauert es auch länger, wieder in die innere Balance zu kommen. Besser, wir gewöhnen es uns frühzeitig an, jeden Tag für Pausen und für Abstand zu sorgen.

Es ist nie zu früh, etwas für die innere Balance zu tun!

2.

2. Entspannung mit dem Atem

Vom ersten bis zum letzten Atemzug:

Der Atem ist eine unserer wichtigsten Lebensfunktionen.

Pro Tag nehmen wir etwa zwanzigtausend Atemzüge und dies geschieht meistens völlig unbewusst. Ebenso wie viele andere lebenswichtige Körperfunktionen – etwa Stoffwechsel, Blutdruck oder Verdauung – wird auch der Atem vom vegetativen Nervensystem gesteuert. Auch im Schlaf oder wenn wir ohne Bewusstsein sind, sorgt es dafür, dass unser Körper in einem guten Zustand bleibt.

Ob der Blutdruck steigt, sich die Adern weiten oder verengen, ob uns der Schweiß ausbricht oder Verdauungssäfte aktiv werden, all das lässt sich mit unserem bewussten Wollen nicht steuern.

Bei der Atmung ist das anders: Sie vollzieht sich unabhängig von unserem Willen, wir können sie aber auch bewusst beeinflussen und damit unser Befinden verändern. Deshalb gilt der Atem seit alters her in vielen Kulturen als Verbindung zwischen Körper, Geist und Seele.

Die Verbindung zwischen Körper, Geist und Seele

Wie eng der Atem und unsere körperliche und psychische Verfassung miteinander verflochten sind, erleben wir jeden Tag.

- Die Atmung reagiert sensibel auf Stress, Belastendes und Stimmungsveränderungen.

- Wenn wir angespannt sind, atmen wir rasch und flach, wenn wir erschrecken, stockt uns der Atem, und während wir schlafen, sind unsere Atemzüge ruhig und tief.

- Je entspannter und gelassener wir sind, desto ruhiger fließt auch der Atemstrom.

Unsere große Chance

Genau darin liegt eine große Chance: So wie sich unser Befinden im Atem spiegelt, können wir durch bewusste Steuerung des Atems Einfluss auf unser Befinden nehmen. Wenn wir uns träge und lustlos fühlen, regt gezielte Bewegung die Atmung an, und dies wirkt vitalisierend auf den ganzen Körper. Wenn wir hingegen gestresst, verärgert oder aufgeregt sind, hilft uns ein bewusstes Verlangsamen des Atmens dabei, wieder zur Ruhe zu kommen.

ATEMÜBUNGEN HELFEN UNS DABEI,

- nach der Arbeit Anspannung loszulassen und Abstand zu finden,
- uns am Abend leichter zu entspannen und leichter einzuschlafen,
- uns dann, wenn wir uns gestresst fühlen, wieder in unsere innere Mitte zu bringen,
- unsere Konzentrationsfähigkeit zu stärken,
- das Gefühl für unseren Körper zu stärken und uns wohl in unserer Haut zu fühlen,
- Verspannungen zu lockern und zu lösen.

Die drei folgenden Übungen können Sie im Liegen oder auch im Sitzen durchführen. Wenn dies möglich ist, öffnen Sie vorher ein Fenster, um frische Luft hereinzulassen. Gut ist es, bei der Beschäftigung mit dem Atem die Augen zu schließen, denn so fällt es leichter, sich auf Ihren Körper und die Atembewegungen zu konzentrieren.

DEN EIGENEN ATEM WAHRNEHMEN

- Lenken Sie Ihre Aufmerksamkeit auf den Atem und spüren Sie ihm nach. Fühlen Sie, wie die Luft durch die Nase einströmt und wieder ausströmt. Fühlen Sie auch, wie Brustkorb und Bauch sich beim Einatmen leicht dehnen und beim Ausatmen dann wieder senken.

- Folgen Sie einfach Ihren Atemzügen und nehmen Sie wahr, welche Regionen Ihres Körpers am rhythmischen Strömen des Atems beteiligt sind.

- Um dies noch deutlicher zu spüren, können Sie auch Ihre Hände auf den Brustkorb oder auf den Bauch legen.

- Vollziehen Sie den natürlichen Rhythmus der Atembewegung nach, ohne aktiv einzugreifen.

- Lassen Sie den Atem einfach kommen und gehen, ohne die Atemzüge verlängern, verkürzen oder vertiefen zu wollen.

ATMEN UND LOSLASSEN

- Lenken Sie wieder Ihre Aufmerksamkeit auf den Atem und lassen Sie ihn ein- und wieder ausströmen.

- Konzentrieren Sie sich nun allein auf das Ausatmen und lassen Sie den Impuls zum Einatmen einfach von selbst kommen.

- Spüren Sie in Ihren Körper hinein und nehmen Sie wahr, ob es Verspannungen gibt und wo genau Sie sie wahrnehmen – vielleicht im Rücken, vielleicht in den Beinen oder im Nacken.

◯ Stellen Sie sich dann vor, dass Sie mit dem Ausatmen ein wenig von dieser Anspannung loslassen, mit jedem Ausatmen ein Stück mehr.

◯ Fühlen Sie, wie der Strom des ausströmenden Atems Ihre Muskeln und auch Ihre Seele von allem befreit, was Sie bedrückt und belastet hat. Vielleicht entfährt Ihnen ein Seufzen – lassen Sie es zu.

AUSATMEN MIT WORTEN

◯ Spüren Sie Ihren Atem ein- und ausströmen und konzentrieren Sie sich wieder auf das Ausatmen.

◯ Atmen Sie mehrmals tief und ruhig aus und lassen Sie den Atem in seinem natürlichen Rhythmus wieder einströmen.

◯ Dabei sagen Sie sich etwas vor, das Sie zur Ruhe kommen lässt, etwas wie „ganz ruhig" oder „alles löst sich", „frei sein" oder „Frieden". Wählen Sie Worte aus, deren Bedeutung Sie in diesem Moment gut fühlen können, die einem inneren Bedürfnis folgen.

◯ Wiederholen Sie die Worte, die Sie gewählt haben, bei jedem Ausatmen und spüren Sie ihnen nach.

Atemübungen können Sie zu jeder Tageszeit und an jedem Ort durchführen: im Büro oder zu Hause, im Wartezimmer oder an der Bushaltestelle.

Immer dann, wenn Sie bei diesen Übungen bemerken, dass Sie sich in Gedanken verlieren oder Sie durch etwas abgelenkt werden, dann kehren Sie einfach wieder zur Konzentration auf das Atmen zurück.
Ärgern Sie sich nicht über das Abschweifen – es ist ganz normal. Kehren Sie einfach immer wieder zu Ihrem Atem zurück.

Mit Atemübungen können Sie gut zur Ruhe kommen, wenn Sie den Eindruck haben, gestresst, überdreht oder gereizt zu sein. Atemübungen können Anspannung mildern und wirkungsvoll auflösen.

Wählen Sie diejenige Übung aus, die Ihnen am meisten zusagt, und nehmen Sie sich die Zeit dafür. Auch fünf Minuten schaffen schon eine wohltuende kleine Ruhe-Insel.

Je regelmäßiger Sie Ihre Übung durchführen, desto rascher schaltet Ihr Körper in den „Entspannungsmodus" um und desto stärker werden Sie von den positiven Effekten profitieren.

3.

3. Achtsamkeit: innehalten und wahrnehmen

Tagtäglich sind wir mit einer Flut von Informationen konfrontiert. Schon morgens dringen aus dem Radio die Nachrichten ins Ohr, wir überfliegen beim Frühstück die Zeitung, bei der Arbeit gibt es tausend Dinge, die möglichst alle sofort erledigt werden sollen, dazwischen einlaufende E-Mails, Telefonate, Unterbrechungen aller Art. Danach Einkäufe, Erledigungen, weitere tausend kleine Dinge.

Oft streben wir dann an, mehreres gleichzeitig zu erledigen, wollen möglichst effektiv und zeitsparend arbeiten, um schneller mit allem fertig zu sein. Unser Leben scheint bald nur noch aus einer endlos scheinenden „To-do-Liste" zu bestehen, die nie wirklich abgearbeitet ist, weil immer wieder neue Aufgaben nachwachsen. Ganz schön frustrierend, oder?

Viele unserer Aufgaben erledigen wir auch einfach „nebenher", ohne dass wir mit unserer Aufmerksamkeit wirklich dabei sind. Es geschieht automatisiert und folgt eingeschliffenen Gewohnheiten.

Natürlich ist unser „Autopilot" in vielen Situationen gut und nützlich. Stellen Sie sich nur einmal vor, Sie müssten beispielsweise beim Zähneputzen, bei der Zubereitung des Frühstücks oder beim Autofahren Tag für Tag immer wieder von Neuem über jeden einzelnen Handgriff nachdenken. Das wäre mühsam.

So wandern unsere Gedanken, während wir mit Gewohntem beschäftigt sind, hierhin und dorthin, wir brüten über Vergangenes oder wir checken ab, was wir als Nächstes oder später oder morgen tun wollen. Und erst, wenn wir uns beim Schließen einer Schublade den Finger einklemmen, merken wir, dass wir mit den Gedanken nicht im Hier und Jetzt waren.

Besonders beim Multitasking, also wenn wir anstreben, mehrere Dinge gleichzeitig zu tun, fällt es uns schwer, den Kopf klarzuhalten. Wissenschaftliche Untersuchungen haben jedoch gezeigt, dass wir durch diese gesplittete Aufmerksamkeit keineswegs Zeit sparen. Wir arbeiten effektiver, wenn wir uns jeweils nur auf eine einzige Tätigkeit konzentrieren, also achtsam unsere Aufmerksamkeit auf das Gegenwärtige richten – und nur darauf.

WAS BEDEUTET ACHTSAMKEIT?

Achtsamkeit heißt, das, was im gegenwärtigen Moment geschieht, bewusst wahrzunehmen, ohne es bewerten zu wollen und ohne gleichzeitig an irgendetwas anderes zu denken – das reine Erleben also.

„Tue, was du tust."

Dies ist einer der bekanntesten Sätze aus dem Zen-Buddhismus. Er fußt darauf, dass der gegenwärtige Augenblick die einzige Zeit ist, die wir tatsächlich erleben und in der wir handeln können. Und dem gilt es, sich zu widmen.

Wenn sich unsere Gedanken nur noch um die Zukunft drehen oder wir über Vergangenes grübeln, ist es uns nicht mehr möglich, präsent zu sein. Wir sind „geistesabwesend" – das, was gerade geschieht, rauscht an uns vorbei, ohne erlebt zu werden.

Das Leben besteht aber daraus, dass wir es *er-leben*.

Achtsamkeit holt uns zurück in den Moment des Erlebens.

Wenn wir achtsam sind, versinken wir nicht in einer Tätigkeit oder verlieren uns darin, sondern wir sind uns bewusst, dass wir gerade etwas Bestimmtes tun, sind sozusagen Beobachter des Geschehens. Unsere Wahrnehmung wird nicht eingeschränkt durch Gedanken an Künftiges oder Grübeleien über Gewesenes.

Bei den Übungen zum bewussten Atmen haben wir Achtsamkeit schon „live" erlebt, denn indem wir uns auf den Atem konzentrieren, sind wir ganz dabei und ist alles andere ausgeblendet.

Achtsamkeit beruhigt uns innerlich und zentriert uns gleichzeitig, denn sie hat kein Ziel. Es gibt nichts zu verbessern oder zu verändern. Wir nehmen einfach wahr, was ist, und können damit einen vertieften Kontakt zu uns selbst finden und zu dem, was uns umgibt.

Achtsamkeit macht uns die Tatsache bewusst, dass unser Leben letztlich aus einer stetigen Folge von Augenblicken besteht.

Achtsamkeitsübungen bewirken, Abstand zu aufsteigenden Gedanken und Gefühlen zu schaffen. Dabei ist nicht angestrebt, diese Gedanken und Gefühle zu bekämpfen oder zu verdrängen, sondern etwas Distanz zu all dem zu gewinnen, was sich ständig in unser Bewusstsein schieben will.

Achtsamkeitsübungen können Sie überall durchführen. Beim Warten auf den Bus, während der Arbeit, an der Supermarktkasse, beim Zähneputzen – in nahezu jeder Situation. Wenn Sie immer mal wieder innehalten und einige Minuten lang aufmerksam wahrnehmen, was ist – wie Sie sich bewegen, wie Ihre Umgebung beschaffen ist, in welcher Weise Sie in Kontakt mit dem sind, was Sie umgibt usw. –, werden Sie ruhiger, konzentrierter, gelassener.

ACHTSAMKEIT ÜBEN

Der Alltag bietet uns eine Fülle von Möglichkeiten, die Achtsamkeit zu schulen und damit zu mehr innerer Ruhe und Entspannung zu kommen.
Nachfolgend finden Sie zwei Übungen, die Sie mühelos in den Alltag integrieren können.

DIE GEWAHRSEINSÜBUNG

Halten Sie öfters am Tag mal inne und stellen Sie sich die nachfolgenden Fragen:

Was geschieht gerade?

Was höre ich?

Was sehe ich?

Was spüre ich?

Was fällt mir jetzt besonders auf?

Und dann lassen Sie das so stehen. Ganz ohne Druck, etwas verändern oder etwas erreichen zu müssen.
Sehen Sie es an wie eine Momentaufnahme mit der Kamera.
Wenn Sie einen Impuls zur Veränderung verspüren – na klar, verändern Sie.
Wenn Sie keinen verspüren: ebenso gut.
Es geht nicht darum, etwas machen zu „müssen" – aber auch nicht darum, nun nichts machen zu „dürfen".
Es geht nur darum, wahrzunehmen, was gerade ist.

INTENSITÄT IM TUN

Sagen Sie sich, während Sie etwas Gewohntes tun, etwas, was Sie automatisch erledigen und wo Ihre Gedanken gerne abschweifen, einfach mal „Stopp" und verlangsamen Sie Ihre Bewegungen.
Erleben Sie Ihre Bewegungen.
Machen Sie sich die Abläufe bewusst, seien Sie ganz dabei.
Fühlen Sie beispielsweise, wenn Sie eine Treppe hinaufsteigen, Ihre Hand am Geländer. Wie fühlt es sich an? Glatt, rau, kühl, warm? Nehmen Sie wahr, wie Sie Schritt um Schritt nach oben gehen. Was machen Ihre Beine, Ihre Hüften, Ihr Becken? Was ist alles an der Bewegung beteiligt?
Seien Sie ganz dabei.
Spüren Sie in Ihren Körper hinein, nehmen Sie wahr, wie der Impuls zur Bewegung verschiedene Muskelgruppen in Ihrem Körper aktiviert.

„Tue, was du tust."

4.

4. Ruhebilder: Die Kraft der Imagination

Unsere Gedanken können direkt körperliche Reaktionen auslösen. Wie rasch und effektiv dies geschieht, können Sie ganz einfach testen:

Rufen Sie sich eine peinliche Situation vor Augen oder denken Sie an jemanden, der Ihnen zutiefst unsympathisch ist. Sofort reagiert auch Ihr Körper auf diese Vorstellung: Muskeln ziehen sich zusammen, der Atem wird flacher, Anspannung entsteht. Umgekehrt ist diese direkte Reizleitung ebenso wirksam: Denken Sie an ein beglückendes Erlebnis oder an eine Person, die Sie lieben und schätzen. Ihr Körper entspannt sich, der Atem wird tiefer.

Wenn Sie sich eine bestimmte Situation in der Vorstellung vergegenwärtigen, erleben Sie sie noch einmal – und je intensiver Sie sich die jeweilige Erinnerung vor Augen holen, umso stärker fällt auch die körperliche Reaktion aus; im Positiven wie im Negativen.

Entspannung können wir also nicht nur dadurch hervorrufen, dass wir bewusst einzelne Muskelpartien lösen, sondern auch mittels unserer Vorstellungskraft. Nicht nur ein Blick über eine sonnige Frühlingswiese stimmt fröhlich, sondern auch die Vorstellung davon. Mit inneren Bildern können wir unsere Stimmung noch leichter als mit Worten beeinflussen. Bilder, die uns ein Gefühl von Frieden und Geborgenheit vermitteln, helfen unserem Körper sehr rasch dabei, Spannungen zu lösen.

Wichtig ist, dass Sie sich Orte vorstellen, an denen es Ihnen möglich ist, sich ruhig und gelöst zu fühlen. Ein solcher Platz der Ruhe und des Friedens kann beispielsweise ein bestimmter Raum, ein Garten oder eine Landschaft sein.

VISUALISIEREN LÄSST SICH LERNEN

Alle Menschen sind in der Lage, sich etwas vorzustellen. Manchen fällt das sehr leicht, andere brauchen etwas Anlauf dazu.
Wenn Sie es nicht gewohnt sind, Bilder vor dem inneren Auge erscheinen zu lassen, sind diese anfangs vielleicht nur blass und verschwommen und es fällt nicht leicht, sich darauf zu konzentrieren. Doch das Vorstellungsvermögen lässt sich trainieren. Um sich den Einstieg zu erleichtern, wählen Sie einen beliebigen Gegenstand aus, vielleicht eine Pflanze, einen Briefbeschwerer oder ein Foto. Betrachten Sie den Gegenstand ganz genau, nehmen Sie so viele Einzelheiten wie möglich wahr: Größe, Farben, Material, Oberflächenbeschaffenheit usw.
Schließen Sie dann die Augen und stellen Sie sich den Gegenstand, den Sie gerade betrachtet haben, noch einmal vor Ihrem inneren Auge vor. Öffnen Sie die Augen wieder und schauen Sie den Gegenstand erneut an, schließen Sie sie wieder und widmen Sie sich Ihrer Vorstellung davon. Wiederholen Sie dies einige Male auch mit anderen Gegenständen. Ihre inneren Bilder werden deutlicher und detailreicher werden.

Diese Form der Einstimmung können Sie auch beim Einstieg in Ihr persönliches Ruhebild nutzen. Wählen Sie ein Foto aus, das für Sie einen Ort der Ruhe und des Friedens symbolisiert. Ein Sandstrand am Meer, sonnenbeschienene Berge, ein Park mit blühenden Bäumen – was immer es ist, das Ihnen beim Betrachten dieses Gefühl der Ruhe und des Friedens vermittelt. Üben Sie hiermit im Vorfeld zu Ihrer Ruhebild-Reise, das Motiv abwechselnd zu betrachten und es sich mit geschlossenen Augen vorzustellen.

REISE ZUM RUHEBILD

Sie benötigen locker sitzende Kleidung, einen ruhigen Raum, etwa 15 Minuten Zeit und einen bequemen Stuhl oder Sessel. Sorgen Sie dafür, in der nächsten Viertelstunde nicht gestört zu werden.

Setzen Sie sich dann bequem, aber aufrecht hin, stellen Sie beide Beine parallel auf den Boden und legen Sie die Hände auf die Oberschenkel. Schließen Sie die Augen und atmen Sie einige Male einfach nur ein und aus, folgen Sie mit Ihrer Aufmerksamkeit Ihren Atemzügen.

Nun stellen Sie sich einen Ort vor, der für Sie Ruhe und Frieden ausstrahlt. Es ist vielleicht ein ganz realer Ort, an dem Sie schon einmal gewesen sind und mit dem Sie Ruhe, Abstand und Entspannung verbinden. Oder es ist das Motiv einer Postkarte. Oder Sie lassen einen Ort ganz in Ihrer Fantasie entstehen.

Spüren Sie sich in dieses innere Bild hinein. Was gibt es dort zu sehen? Zu hören? Welche anderen Sinneseindrücke erleben Sie? Hören Sie vielleicht Vögel zwitschern oder fühlen Sie die Sonne auf Ihrer Haut?

Genießen Sie den Frieden, der von Ihrem Ruhebild ausgeht. Wenn Ihnen während dieser kleinen mentalen Reise Gedanken an Alltägliches in den Kopf kommen, lassen Sie sie einfach ziehen und kehren Sie immer wieder zu Ihrem Ruhebild zurück.

Verabschieden Sie sich am Ende der Übung von Ihrem Ruhebild und nehmen Sie die Entspannung wieder zurück. Das gelingt am besten durch ausgiebiges Gähnen und Räkeln und ein kurzes Anspannen und wieder Loslassen der Arm- und Beinmuskeln.

Ruhebilder und Fantasiereisen sind nicht nur sehr wirksame Methoden, um Abstand zum Alltag zu finden, sondern sie regen auch unsere Kreativität an und fördern positive Gedanken und Gefühle. Wie die Übungen zum Atem und zur Achtsamkeit sind sie einfach durchzuführen und wirken ganz unmittelbar, ohne dass wir erst komplizierte Vorbereitungen dafür treffen müssten.

5.

5. Meditation

Unter Meditation verstehen wir eine tiefe Versenkung in uns selbst. Sie ist traditioneller Bestandteil vieler Religionen, als Technik jedoch weltanschaulich völlig neutral. Beim Meditieren sind wir unserer selbst und unserer Existenz mit gesteigerter Aufmerksamkeit gewahr. Empfindungen von Anspannung, Angst, Ärger oder Stress lassen nach, wir sind wach, zentriert und aufmerksam – ein Zustand, den die Glücksforschung als „glücksfördernd" bezeichnet.

WAS DIE WISSENSCHAFT SAGT

Regelmäßig praktiziertes Meditieren stärkt die Gesundheit in mehrfacher Hinsicht. Während der Meditation sinken Blutdruck und Puls. Nachweislich verändern sich auch die Gehirnwellen und damit wird der Körper in einen Entspannungszustand versetzt. Auch die positiven Wirkungen von Meditation bei Angstzuständen und depressiven Verstimmungen sind mittlerweile nachgewiesen. Häufiges Meditieren kann sogar die Immunabwehr stärken.

Mit der Konzentration auf den Atem, der Übung der Achtsamkeit und dem Erzeugen eines Ruhebilds haben Sie bereits meditative Elemente erkundet und Erfahrungen mit deren Wirksamkeit gemacht.

MEDITATION: WIE GEHT DAS?

Ziehen Sie sich in einen ruhigen Raum zurück und sorgen Sie dafür, in den nächsten zehn Minuten nicht gestört zu werden. Stellen Sie in einem benachbarten Raum eine Zeitschaltuhr auf zehn Minuten ein, sodass Sie im Raum selbst ein nur leises Signal hören, wenn Ihre Meditationszeit beendet ist.

Nehmen Sie Platz auf einem Stuhl und setzen Sie sich aufrecht hin. Stellen Sie die Füße flach auf den Boden und nehmen Sie eine Sitzhaltung ein, in der Sie für zehn Minuten verharren können. Der Rücken sollte dabei jedoch gerade bleiben.

Legen Sie die Hände locker auf die Oberschenkel oder legen Sie sie ineinander in den Schoß.

Sie können die Augen schließen oder den Blick auch einfach auf einen Punkt im Raum richten.

Atmen Sie dann einige Male bewusst ein und aus. Lassen Sie den Atem wie bei der Übung (xx) durch die Nase ein- und ausströmen, ohne ihn verändern zu wollen.

v

Nun gibt es mehrere Möglichkeiten, die Aufmerksamkeit zu lenken:

- *Sie bleiben bei der Konzentration auf den Atem* und lassen ihn einfach weiter ein- und ausströmen.

- *Sie konzentrieren sich auf Ihren Körper:* das Heben und Senken Ihres Brustkorbs oder das Weiten und Entspannen des Bauchraums beim Atmen.

- *Sie zählen Ihre Atemzüge,* von eins bis zehn, und beginnen dann wieder bei eins.

- *Sie konzentrieren sich auf ein Mantra,* eine Silbe, beispielsweise „om", „ram" oder „mum", mit der Sie keine bestimmte Bedeutung verknüpfen. Wiederholen Sie innerlich diese Silbe beim Einatmen wie beim Ausatmen.

Alle vier Varianten dienen dazu, Körper und Geist zur Ruhe zu bringen und zu entspannen. Experimentieren Sie damit und wählen Sie diejenige aus, die Ihre innere Sammlung am besten unterstützt.

Wenn Sie bemerken, dass Sie trotzdem abschweifen und Sie sich gedanklich in Erinnerungen, Plänen oder Tagträumen verlieren, kehren Sie geduldig und beharrlich immer wieder zu Ihrem Atem, dem Zählen oder Ihrem Mantra zurück.

Wenn Sie das leise Signal aus dem Nebenzimmer wahrnehmen, beenden Sie langsam Ihre Meditation. Recken und strecken Sie sich, gähnen Sie, atmen Sie ein paar Mal tief durch.

Neben dieser klassischen Form der Meditation gibt es noch viele weitere Arten der inneren Sammlung: Sie können sich auf einen Gegenstand konzentrieren, beispielsweise einen Stein, eine Blüte oder ein Licht – oder auch im Gehen meditieren und dabei bewusst spüren, wie Sie die Füße von der Ferse zu den Zehen abrollen und wieder aufsetzen. Eine Meditationsform, die ganz besonders das Körperbewusstsein schult, ist der Bodyscan nach Prof. Jon Kabat-Zinn.

BODYSCAN

Nehmen Sie sich etwa eine halbe Stunde Zeit und sorgen Sie dafür, ungestört zu sein. Legen Sie sich auf den Teppich oder eine andere nicht zu weiche Unterlage, die Beine etwa schulterbreit auseinander, die Füße nach außen gerichtet. Die Arme liegen seitlich neben dem Körper, die Hände zeigen nach oben.
Konzentrieren Sie sich auf Ihren Atem und darauf, wie sich mit jedem Atemzug die Bauchdecke leicht hebt und senkt.
Dann lassen Sie Ihre Aufmerksamkeit hin zu Ihrem linken Fuß wandern. Spüren Sie den großen Zeh, den kleinen Zeh, und dann die Zehen dazwischen. Nehmen Sie wahr, wie sich Ihre Zehen anfühlen: ob sie warm oder kalt sind, ob Spannungen da sind oder nicht. Welche Eindrücke auch auftauchen – nehmen Sie sie einfach nur wahr. Dann lenken Sie Ihre Aufmerksamkeit nach und nach auf die Fußsohle, den Fußrücken, die Ferse und das Sprunggelenk, immer mit der gleichen Achtsamkeit und Konzentration. Gehen Sie dann weiter zu Unterschenkel, Knie und Oberschenkel bis hinauf zur Leiste. Verfahren Sie anschließend genauso mit dem rechten Bein.
Und schließlich tasten Sie auf diese Weise weiter Ihren ganzen Körper ab: Unterkörper, Bauch, Po und Becken, dann die Wirbelsäule von unten nach oben. Schließlich die Arme und Hände von den Fingern bis hoch zur Schulter, dann der Nacken, der Hals, das Gesicht, der Hinterkopf bis zum höchsten Punkt des Schädels.
Am Ende der Übung atmen Sie noch einige Male ein und aus und spüren Ihren Körper als Ganzes. Dann kommen Sie in Ihrem Tempo in die Gegenwart zurück.

Wenn Sie sich regelmäßig in Meditation üben, werden Sie bald feststellen, dass es Ihnen immer leichter fällt, Abstand vom alltäglichen Stress zu finden und Ihre Aufmerksamkeit bewusst zu lenken und zu zentrieren.

Wertvolle Nebenwirkungen eines Meditationstrainings

Nach einiger Zeit werden Sie bemerken, dass Sie auch in anderen Situationen Ihres Lebens klarer und konzentrierter denken und handeln können.

Zudem geht aus klinischen Studien hervor, dass durch regelmäßig gepflegte Meditation Hirnregionen „herunter geregelt" werden, in denen Angst, Depression und Schmerz lokalisiert sind und andererseits die Freisetzung von Glückshormonen gefördert wird.

6.

6. Entspannung mit allen Sinnen

Farben, Musik, Düfte, Berührung und nicht zuletzt eine wohlschmeckende Mahlzeit – sie bringen Lebendigkeit in unseren Alltag und können uns gleichzeitig dabei helfen, kleine Wohlfühl-Inseln in stressreichen Zeiten zu schaffen. Allein mittels unserer Sinne können wir die Welt wahrnehmen und treten wir in Kontakt zu ihr.

Nutzen Sie Ihre Sinne ganz bewusst auch zum Entspannen.

Konzentrieren Sie sich ein paar Momente lang voll und ganz auf das, was Ihre Sinne Ihnen präsentieren:

➲ *Riechen Sie bewusst ...* den Duft von Rosen oder von Kräutern ... von frisch geschnittenem Gras ... von der Luft, wenn es gerade geregnet hat ... von Erde und Laub ...

➲ *Schmecken Sie bewusst ...* saftiges Obst ... eine gut gewürzte Pizza ... Saures ... Scharfes ... Süßes ... Bitteres ... Cremiges ... Knuspriges ...

➲ *Fühlen Sie bewusst ...* den Wind auf Ihrer Haut ... das Wasser, das in der Dusche über Ihren Körper prasselt ... einen Händedruck ...

> *Sehen Sie bewusst ...* in den Himmel ... auf das Grün der Bäume ... auf eine leere Wand ... auf das Pflaster zu Ihren Füßen ...

> *Hören Sie bewusst ...* das Zwitschern von Vögeln ... Musik, die Sie gerne mögen ... die Stimme eines anderen Menschen ... das Miauen einer Katze ....

Und wenn es nur Momente sind, in denen wir uns völlig einem Sinneseindruck widmen und alles andere in den Hintergrund treten lassen: Es sind Momente des Loslassens und der Achtsamkeit, die unseren Alltag verschönern.

Wenn wir viel um die Ohren haben, wird unser sinnliches Erleben flach. Alles scheint dann nur noch wie ein Film vorbeizuziehen und wir nehmen kaum mehr wahr, ob es Winter oder schon Frühling ist, wie das Essen schmeckt, was wir fünf Minuten zuvor getan haben oder wie der Mensch gekleidet war, mit dem wir gerade ein Gespräch führten.

Sinnliches Erleben und Genuss gehen Hand in Hand.

Je bewusster wir die Welt durch unsere Sinne erleben, desto leichter fällt es, das, was angenehm ist und uns guttut, neu zu entdecken und zu genießen. Genuss braucht Zeit. Was kann dazu beitragen, „eingeschlafene" Sinne wieder zu schärfen und uns gleichzeitig zu entspannen? Es gibt natürlich tausend Möglichkeiten, unsere Sinne zu stimulieren. Nachfolgend einige Empfehlungen, wie Sie gleichzeitig sinnlichen Genuss und Entspannung erleben.

ENTSPANNEN MIT ÄTHERISCHEN ÖLEN ...

... entweder als Raumduft oder auch als Badezusatz. Pflanzen- und Blütenessenzen haben unterschiedliche Wirkungen auf unseren Organismus: Anregend und belebend sind die einen oder entspannend und beruhigend sind die anderen.
Sie nehmen Einfluss auf die Arbeit des vegetativen Nervensystems, und deshalb unterstützen uns bestimmte Essenzen besonders gut dabei, loslassen und entspannen zu können: Dazu gehören beispielsweise Lavendel, Sandelholz, Salbei, Melisse oder Jasmin.

Gönnen Sie es sich, sich nach einem anstrengenden Tag im warmen Badewasser auszustrecken. Zu empfehlen ist eine Wassertemperatur von etwa 37 oder 38 Grad Celsius. Bei dieser Temperatur können sich auch die Aromaessenzen am besten entfalten.
Viele Aromabäder wirken nicht nur entspannend, sondern fördern darüber hinaus auch einen erholsamen Schlaf.
Um die erholsame Wirkung noch zu unterstützen, schaffen Sie eine angenehme Atmosphäre im Badezimmer – wenn Sie mögen mit Musik oder auch mit Kerzenlicht.

ENTSPANNEN BEIM ESSEN

Das schnelle Nebenbei-Essen, womöglich am Computer, führt dazu, dass wir gar nicht mehr wahrnehmen, wann wir essen und was wir essen, und wir übergehen damit häufig auch das natürliche Sättigungsgefühl.
Die Folge: Wir essen mehr, als uns guttut, und haben nicht einmal Spaß dabei.
Auch die gesündeste Ernährung bewirkt viel weniger, als sie könnte, wenn wir das Essen in uns hineinschlingen und dem Körper nicht genug Zeit geben, das, was wir essen, bewusst zu genießen.

Essen ist keine Nebensache. Nehmen Sie sich Zeit zum Essen, auch wenn Sie glauben, dass Ihre Tagesagenda dies eigentlich nicht gestatten würde. Sie „sparen" keine Zeit, wenn Sie sich Ihre Nahrung nebenbei in den Mund stopfen, Sie berauben sich damit lediglich des sinnlichen Vergnügens daran.

Genießen Sie Frühstück, Mittag- und Abendessen als kleines Fest für die Sinne. Konzentrieren Sie sich auf Geschmack und Geruch, kauen Sie langsam und bedacht. Erschmecken Sie die Unterschiede zwischen verschiedenen Käse-, Marmeladen- oder Gemüsesorten, zwischen Zutaten und Zubereitungsarten.

Nehmen Sie sich nach Feierabend Zeit, bewusst auszuwählen, was Sie essen wollen, und machen Sie es sich schön dabei: Eine hübsche Tischdekoration, vielleicht auch Kerzen und entspannende Musik im Hintergrund setzen einen besonderen Akzent und schaffen Abstand zum Arbeitstag.

ENTSPANNEN MIT MUSIK

Musik beeinflusst unmittelbar die Herzfrequenz, den Blutdruck und den Pulsschlag – und die Aktivitäten des Gehirns. Dort erzeugt sie einen Cocktail aus Hormonen, eine Vielfalt von Gefühlen – je nachdem, welcher Musik wir lauschen.
Wenn wir Musik hören, suchen und genießen wir diese Effekte. Wir erleben Musik als eine der effektivsten Arten, Gefühle zu erleben und auszudrücken. Ebenso wie Bilder in uns Gefühle wachrufen, empfinden wir dies auch, wenn wir Musik hören.

Sanfte Klänge beruhigen uns und verlangsamen den Herzschlag. Sie stimulieren die Fantasie und das kreative Denken.

Die heilsame, besänftigende Wirkung entspannender Musik kannten schon die Menschen im Altertum und setzten sie – ähnlich wie heute in der Musiktherapie – zur Linderung psychischer und körperlicher Beschwerden ein.
Nicht von ungefähr gibt es heute, da unser Alltag von Hektik und Reizüberflutung geprägt ist, eine Fülle von CDs mit Wellness-Musik mit Klängen, die ein Gegengewicht zu diesem Viel-zu-Viel bilden.

Sie spielen oftmals mit Elementen aus der Natur, den Geräuschen fließenden Wassers, von Meereswellen, dem Rauschen der Bäume im Wind oder dem Zwitschern von Vögeln, mit Klängen – die Körper und Geist beruhigen.

Genießen Sie die entspannende Musik und erleben Sie die Resonanz in Ihrem Inneren, erleben Sie, welche Gefühle klassische Musik, Blues oder Wellness-Klänge in Ihnen auslösen.

ENTSPANNUNG DURCH FARBEN

Farben haben großen Einfluss auf uns, sie „färben" unser Empfinden und unsere Stimmung. Farben sind Energien, die unmittelbar auf Körper, Geist und Seele einwirken. Die Schwingungen wirken, ähnlich wie die der Musik, auf den ganzen Körper. Entsprechend können wir unsere Räume farblich stimmig gestalten.

Helle, warme Farben wie etwa Gelb- oder Orangetöne oder helle mediterrane Ockertöne rufen Gefühle von Fröhlichkeit und Leichtigkeit hervor. In einer solchen Umgebung fühlen wir uns gut gelaunt und energiegeladen.

Kühle Farben wie Blau-, Türkis- und Grüntöne wirken abkühlend und beruhigend auf das vegetative Nervensystem. Sie eignen sich hervorragend dazu, Stress und Hektik abzubauen und Ruhe, Klarheit, Gelassenheit und Entspannung zu finden. Blau vermittelt uns den Eindruck von Ruhe, Weite und Tiefe, Grün ist die Farbe der Natur und signalisiert Sicherheit und Geborgenheit.

Erdtöne wie Ocker, Siena und Umbra wärmen und dämpfen zugleich, sie wirken harmonisierend und ausgleichend, rustikal und gemütlich.
Deswegen sollten die Farben eines Raumes, in den wir uns zurückziehen, um Ruhe und Erholung zu finden, in Resonanz zu diesem Bedürfnis stehen.

ENTSPANNUNG DURCH BERÜHRUNG

Die Haut ist für uns Schutzhülle und Sinnesorgan zugleich – und überdies wegen ihrer ausgedehnten Oberfläche auch eines der größten Organe unseres Körpers. Berührung und Körperkontakt sind ein Grundbedürfnis.
Unser Tastsinn ist immer „angeschaltet" – als einzigen unserer Sinne können wir ihn nicht mit unserem Willen ausblenden. Wir können die Augen und den Mund schließen, uns die Ohren und die Nase zuhalten, doch fühlen tun wir immer.
Unsere Haut ist mit bis zu zwanzig Millionen Tastkörperchen ausgestattet, die unsere Haut zur fühlenden Hülle machen, sodass wir ganz unmittelbar auf Wärme und Kälte reagieren und auf Verletzungen ebenso rasch wie auf wohltuende Berührungen.

Beim Begriff „Wellness" denken die meisten sofort an Massage. Wohltuende Berührungen, die uns rasch helfen, Verspannungen aufzulösen und ein Gefühl des Wohlbehagens hervorzurufen. Natürlich ist es am behaglichsten, von jemand anderem massiert zu werden. Manchmal lässt sich das aber nicht einrichten und dann ist es gut, sich selbst zu massieren.

Haben Sie sich schon einmal den Kopf massiert? Massagen des Kopfes – mit sanften, streichenden und klopfenden Bewegungen die einzelnen Partien von der Stirn über die geschlossenen Augen, die Jochbögen, die Wangen und die Mundpartie bis hin zum Kinn und zum Hals berührend – lockern verspannte Muskeln auf und helfen dabei, Verspannungen loszulassen. Die Berührungen bringen uns in Kontakt zu uns selbst. Ausgesprochen wohltuend ist auch eine Massage des Hinterkopfes vom Schädelansatz bis hinauf zum Schädeldach.

Wer sich regelmäßig massiert, fördert die Achtsamkeit dem eigenen Körper gegenüber.

DIE METHODEN DER ENTSPANNUNG ÜBER DIE SINNE LASSEN SICH GUT KOMBINIEREN.

- *Richten Sie bei der Entspannung mit dem Atem* den Blick auf eine blaue Wand oder auf ein blaues Farbfeld.

- *Hören Sie bei einem warmen Bad am Abend* entspannende Musik.

- *Machen Sie eine Musik-Meditation,* in der Sie sich in Meditationshaltung voll und ganz auf die Töne konzentrieren.

Denken Sie sich selbst kleine Entspannungsübungen aus, in denen Sie sinnliche Erfahrungen, die Ihnen guttun, kombinieren:

7.

7. Entspannung durch Bewegung

Entspannung bedeutet nicht nur, zur Ruhe zu kommen. Immer wenn großer Termindruck uns antreibt, wir mit herausfordernden Situationen konfrontiert sind oder wir Ärger oder Angst verspüren, arbeitet unser Körper auf Hochtouren. Der angestiegene Blutdruck, die erhöhten Zucker- und Fettsäurespiegel und die Stresshormone Adrenalin und Cortisol, die in unserem Blut kreisen, versetzen uns in einen Super-Aktionszustand, der dazu gedacht ist, uns zu körperlichen Höchstleistungen zu befähigen: Alles ist bereit für Kampf oder Flucht. Unser Körper braucht jetzt die Möglichkeit, sich abreagieren zu können. Doch wir können weder dem Chef an die Gurgel springen noch blindlings davonrennen. Was also tun?

> Überlegen Sie sich, wie Sie unmittelbar nach einer Stressreaktion körperlich aktiv werden können. Wählen Sie dazu rasch umsetzbare Aktionen.

Gehen Sie beispielsweise in den Waschraum, laufen Sie dort ein paar Minuten lang auf der Stelle oder schimpfen Sie nach Herzenslust und boxen Sie dabei in die Luft oder gehen Sie mit raschen Schritten einmal um den Block. Es braucht nicht lange zu dauern, aber unternehmen Sie etwas, bleiben Sie nicht einfach auf Ihrem Stuhl sitzen, wenn Sie sich wütend oder aufgedreht fühlen.

Wenn Sie sich Bewegung verschafft haben, fällt es anschließend viel leichter, sich wieder zu beruhigen und die Anspannung loszulassen.

Der Körper will sich bewegen.

Auch wenn ein strapaziöser Arbeitstag hinter Ihnen liegt und Sie erschöpft zu Hause ankommen, ist es der bessere Weg, sich erst einmal körperlich „Luft" zu verschaffen, statt nur auf die Couch zu fallen und den Fernseher anzuschalten. Besonders in stressreichen Zeiten sind wir oft versucht zu denken, dass wir nach Feierabend keinerlei Energie mehr für Aktivitäten übrig hätten. Doch meist ist das Gegenteil der Fall: Auch wenn wir uns psychisch und mental „erschlagen" fühlen, will der Körper sich bewegen.

STRESSLESS-TANZ

Lassen Sie frische Luft in den Raum, dann legen Sie eine geeignete CD mit raschen Rhythmen ein und bewegen Sie sich dazu. Tanzen Sie sich Stress, Frust und Verspannungen aus dem Körper, geben Sie sich der Musik hin und folgen Sie den Bewegungsimpulsen Ihres Körpers: Werfen Sie die Arme in die Luft, stampfen Sie mit den Füßen auf, schütteln Sie sich, rudern Sie durch die Luft, schleudern Sie imaginäre Lasten in den Raum, geben Sie Töne von sich oder singen Sie mit.
Folgen Sie einfach Ihrem Körper und hören Sie erst auf, wenn Sie schwitzen oder außer Puste geraten sind. Lösen Sie das, was den ganzen Tag auf Ihnen lastete, in Bewegung auf. Danach wird es Ihnen umso leichter fallen, sich zu entspannen.

Zur Entspannung durch Bewegung eignet sich nicht nur der Tanz, sondern sind auch alle Ausdauersportarten gut geeignet, die dem Organismus etwas abverlangen, wie etwa Walken, Joggen, Schwimmen oder Radfahren.

8.

8. Entspannt und gelassen durch den Tag

Vieles an unseren Arbeits- und Lebensbedingungen müssen wir als gegeben hinnehmen oder haben erst längerfristig betrachtet die Möglichkeit, etwas Maßgebliches zu verändern. Dennoch gibt es viele Möglichkeiten, Einfluss auf unser Wohlbefinden zu nehmen. Betrachten Sie einen Tag einmal wie ein Menü, das sich aus unterschiedlichen Speisen zusammensetzt. Wie soll der morgige Tag werden?

Wählen Sie aus der Menüliste auf den folgenden Seiten aus und kreieren Sie sich ein Menü für einen entspannten und gelassenen Tag oder einen Tag, der angereichert ist mit hausgemachtem Stress und mit Disharmonie. Entscheiden Sie sich!

Menü für einen entspannten und gelassenen Tag	Menü für einen Tag voller Stress und Disharmonie

Als Vorspeise zu empfehlen:

- den Wecker zeitig stellen
- sich Zeit nehmen beim Wachwerden: gähnen, dehnen, räkeln, tiefes Ein- und Ausatmen
- unter der Dusche jeden Wasserstrahl genießen, der auf die Haut prasselt; sich bewusst abrubbeln und damit die Haut stimulieren; das wohlige Gefühl dabei spüren
- kurze Achtsamkeitsmeditation; einige Körperübungen, die den Kreislauf gut in Schwung bringen
- Frühstück in Ruhe
- entspannte Fahrt zur Arbeit: Es ist noch Zeit.

- den Wecker so stellen, dass alles schnell gehen muss, und zum letztmöglichen Zeitpunkt aufstehen
- schnell raus aus dem Bett, sodass wenig Zeit bleibt
- Es bleibt nur Zeit für Katzenwäsche oder, wenn Duschen noch „drin" ist: zack-zack! Die Gedanken sind schon bei dem, was heute alles ansteht.
- Kaffee im Stehen, dabei die heutigen Katastrophenmeldungen in der Zeitung überfliegen
- Stress bei der Fahrt zur Arbeit, Ärger über jede Verzögerung, Gedanke: Ich muss es noch schaffen!

Als Hauptgang zu empfehlen:

- die Arbeit als Herausforderung betrachten, an der man sich messen und wachsen kann
- die Arbeit für den Tag mit Augenmaß strukturieren und einteilen; planen, was für das Ende des Arbeitstages ein realistisches Resultat ist
- sich während der Arbeit auf die jeweilige Aufgabe konzentrieren

---

- Arbeit als notwendiges Übel ansehen, sodass man sich so richtig lustlos und gereizt von einer Aufgabe zur nächsten schleppen kann
- Tagesagenda überfrachten, sodass keine Pufferzeiten dazwischen sind – schließlich soll so viel wie möglich geschafft werden!
- während der jeweiligen Aufgabe in

- anderen zulächeln und freundlich auf Fragen und Bemerkungen reagieren
- nach jeder erledigten Aufgabe eine kleine Pausen für Atemübungen, Achtsamkeit oder Bewegung einlegen
- Mittagessen bewusst genießen, anschließend ein paar Schritte an der frischen Luft machen, dabei tief atmen und die Umgebung wahrnehmen
- am Ende des Arbeitstages das Erledigte würdigen und sich selbst loben, dies alles geschafft zu haben

Gedanken immer schon bei der nächsten sein
- andere ignorieren, kurz angebunden und abweisend wirken – Kontakte halten nur auf
- ohne Pause bis Mittag durchpowern, schließlich muss jede Minute genutzt werden
- Mittagessen am besten am Arbeits platz, während E-Mails gecheckt oder Papiere durchgesehen werden
- am Ende des Arbeitstages unzufrieden zurückblicken, sehen, was alles liegen geblieben ist, und sich Vorwürfe machen

Zum Dessert:

- den Beginn des Feierabends mit einem kleinen Ritual verbinden: das Herunterfahren des Computers, das Schließen der Bürotür, das Öffnen der Haustür ...
- das Abendessen genießen
- etwas Entspannendes oder Anregendes als Ausgleich zur Arbeit unternehmen
- die Zu-Bett-geh-Zeit so wählen, dass Körper, Geist und Seele sich gut regenerieren können

- auch nach Feierabend an die Dinge denken, die nicht erledigt wurden, und an die Dinge, die morgen dran sind
- das Abendessen nebenbei vor dem Fernseher in sich hineinschlingen und mit Alkohol nachspülen
- vor dem Fernseher einschlafen und sich dann völlig verspannt sehr spät ins Bett schleppen und für alle Fälle eine Schlaftablette nehmen

Für welches Menü werden Sie sich morgen entscheiden?

9.

9. Mini-Entspannungen für zwischendurch

Manchmal haben wir nur ganz wenig Zeit zur Verfügung um lockerzulassen. Umso wichtiger ist es, kleine Erholungspausen einzustreuen, um am Ende des Tages nicht völlig ausgepowert zu sein. Mini-Entspannungen stärken die Konzentrationsfähigkeit und helfen uns auch, bei Laune zu bleiben. Nachfolgend finden Sie eine Reihe ganz unterschiedlicher Möglichkeiten, einen kleinen Abstand zu finden.

➔ *Eine Minute Nichtstun* Nehmen Sie sich während Ihres Arbeitstages fünfmal eine Mini-Auszeit von jeweils nur einer Minute Dauer. Während dieser Minute tun Sie – rein gar nichts. Sie nehmen nur wahr, was gerade ist – was Sie sehen, hören und fühlen, vielleicht auch riechen oder schmecken. Das erfrischt den Geist – und nimmt doch insgesamt nur ganze fünf Minuten in Anspruch.

➔ *Palmieren* Setzen Sie sich locker hin und stützen Sie die Ellbogen auf dem Schreibtisch auf. Dann reiben Sie die Hände schnell und fest aneinander, bis sie sich warm anfühlen. Formen Sie mit beiden Händen eine Schale und legen Sie die Handflächen um Ihre geschlossenen Augen. Atmen Sie ruhig ein und aus und rollen Sie Ihre Augäpfel einige Male linksherum und dann rechtsherum. Nach etwa zwei bis drei Minuten lassen Sie die Hände wieder sinken und schlagen die Augen auf. Vor allem, wenn Sie viel am Bildschirm sitzen, ist diese Übung sehr wohltuend für die Augen.

➔ *Gähnen* Gähnen Sie öfters mal nach Herzenslust. Setzen Sie sich locker hin, lassen Sie den Unterkiefer einfach fallen, öffnen Sie den Mund und legen Sie los. Kräftiges Gähnen bringt mehr Sauerstoff in den Körper, entspannt die Kiefermuskeln, erfrischt und stärkt die Konzentration.

➔ *Liegende Achten* Stellen Sie sich aufrecht mit geradem Rücken hin und beginnen Sie, mit Ihrer Nasenspitze kleine liegende Achten in den Raum zu „malen". Lassen Sie die Achten größer werden, wieder kleiner werden, wieder größer werden usw. Wiederholen Sie dies etwa zwanzigmal. Diese Übung lockert den Nacken und fördert die Durchblutung des Kopfes.

➔ *Fingerübung* Setzen Sie sich aufrecht mit geradem Rücken auf einen Stuhl und halten Sie die Hände vor Ihren Brustkorb in Höhe des Solarplexus. Legen Sie dann die Fingerspitzen beider Hände aneinander: Daumen an Daumen, Zeigefinger an Zeigefinger usw. Die Finger weisen nach vorne, die Daumen nach oben.
Lassen Sie Ihren Atem ruhig ein- und ausströmen. Bei jedem Einatmen entfernen Sie nun ein Fingerspitzenpaar voneinander, beim Ausatmen berühren sich die Finger wieder. Fangen Sie mit den Daumen an und gehen Sie so alle Finger nacheinander durch. Einatmen: Fingerspitzen auseinander, ausatmen: Fingerspitzen zusammen. Wiederholen Sie dies einige Male – es macht den Kopf klar und entspannt zugleich.

➔ *Sonnenbad für die Augen* Setzen Sie sich bei schönem Wetter auf eine Bank und wenden Sie Ihr Gesicht mit geschlossenen Augen der Sonne zu. Atmen Sie ruhig ein und aus und fühlen Sie die Wärme der Sonnenstrahlen auf Ihrem Gesicht und auf den Augenlidern.

➔ *Schreib & weg* Nehmen Sie einen Zettel zur Hand und schreiben Sie stichpunktartig auf, was Sie momentan als belastend oder frustrierend erleben. Lesen Sie die Punkte noch einmal durch. Verzieren Sie sie nach Herzenslust mit Ausrufezeichen, Emoticons oder Karikaturen. Knüllen Sie dann einen Ball daraus und werfen Sie ihn in den Papierkorb. Danach können Sie dem, was Sie gerade nervt, wieder gelassener entgegentreten.

➔ *Auf der Stelle treten* Nehmen Sie sich ein kleines weiches Kissen und stellen Sie sich barfuß darauf. Lassen Sie die Arme locker seitlich hängen und beginnen Sie damit, langsam und in einem gleichmäßigen Rhythmus auf der Stelle zu treten. Auf und ab und auf und ab. Finden Sie einen Rhythmus, der angenehm für Sie ist. Nach einigen Minuten werden Sie ganz automatisch tiefer und ruhiger atmen und es wird sich eine angenehme Wärme im Körper ausbreiten.

→ *Knetball* Legen Sie sich zwei kleine Knetbälle mit einer Füllung aus Reiskörnern zu. Wenn Sie merken, dass Ihre Arme und Hände sehr verspannt sind, dann umschließen Sie die Bälle mit den Händen und drücken Sie nacheinander zehnmal kräftig zu und lockern Sie die Hände nach jedem Drücken wieder. Der Wechsel von Anspannung und Entspannung hilft, die Anspannung aufzulösen.

→ *Lavendel schnuppern* Träufeln Sie Lavendelöl auf ein Taschentuch und riechen Sie tagsüber immer mal wieder daran. Die beruhigende Essenz wirkt direkt auf das vegetative Nervensystem ein und hilft, Anspannung loszulassen. Sie können sich beim Riechen auch für einen Moment lang Ihr Ruhebild vorstellen, das intensiviert die entspannende Wirkung.

Probieren Sie gleich jetzt eine der Mini-Übungen aus und machen Sie in den nächsten Tagen auch jeweils ein oder zwei dieser kleinen Entspannungen. Entscheiden Sie sich dann für diejenigen, die besonders gut zu Ihnen passen: Üben Sie sie ein, sodass Sie jederzeit auf Ihre Übungen zurückgreifen können.

Nehmen Sie die Entspannung mit in Ihr Leben!

Das tue ich ab jetzt für mich:

Es geht nicht in erster Linie darum, nun möglichst viel dafür zu tun, besser entspannen zu können. Viel wichtiger ist die Stetigkeit: Das kleine Plus an Entspannung zum selbstverständlichen Bestandteil des Alltags zu machen. Wählen Sie sich aus all den Anregungen in diesem Buch drei Möglichkeiten aus, Tag für Tag mehr für sich und Ihre innere Balance zu tun. Wenn Ihnen diese mit der Zeit so selbstverständlich werden wie das Zähneputzen, dann haben Sie schon viel erreicht. Natürlich können Sie immer noch mehr tun. Aber steigen Sie erst einmal mit drei Dingen ein und üben Sie diese konsequent. Dies könnte beispielsweise so aussehen:

Am Morgen werde ich:

....

....

Während der Arbeit werde ich täglich die folgende Übung als kleines Entspannungsritual zwischendurch pflegen:

....

....

Nach der Arbeit gönne ich mir:

....

....

Wenn Sie merken, dass Ihnen diese neuen Gewohnheiten in Fleisch und Blut übergegangen sind, dann nehmen Sie sich eine weitere kleine Verhaltensänderung vor.

Möchten Sie mehr ausprobieren?

Außer den genannten Methoden gibt es natürlich noch viele weitere Möglichkeiten, Abstand zu finden und loszulassen. Gespräche, gemeinsame Unternehmungen mit lieben Menschen, in einem Buch schmökern oder sich im Museum Bilder und Skulpturen anschauen usw. usf. Wichtig dabei ist, dass die gewählten Methoden Ihnen zusagen und Sie den für Sie individuell stimmigen Rhythmus zwischen Anspannung und Entspannung finden, um sich gut erholen zu können.

Lassen Sie sich auch von dem ABC der Entspannung auf der folgenden Seite anregen.

ABC der Entspannung

A	wie Achtsamkeit, Autogenes Training, Akupressur, Aromatherapie
B	wie Bodyscan, Biofeedback, Bäder
C	wie Chakra-Atmung, Chi-Yang-Massage
D	wie Dusche, Düfte, Dösen
E	wie Eutonie, EFT
F	wie Feldenkrais, Fango, Fußmassage, Farb-Licht-Therapie
G	wie Ganzkörpermassage, gute Gespräche
H	wie Hypnose, Hobby, Hamam
I	wie Innehalten
J	wie Jin Shin Jyutsu
K	wie Klangschalen, Kneipp, Kreatives Gestalten, Kunstgenuss
L	wie Lachyoga, Lymphdrainage, LaStone-Therapie, Lomi Lomi
M	wie Massagen, Mentales Training, Musikmeditation
N	wie Naturmeditation
O	wie Obertonsingen
P	wie Pausen, Progressive Muskelentspannung, Fantasiereisen,
Q	wie Qi Gong
R	wie Ruhebilder, Rebalancing, Reiki, Rolfing
S	wie Sauna, Schlaf, Shiatsu, Spaziergänge
T	wie Tanzen, Tai Chi, Teezeremonie
U	wie Urlaub
V	wie Venusbad
W	wie Wasseranwendungen
Y	wie Yoga
Z	wie Zazen

Buchhinweise

Krabat-Zinn, Jon: Achtsamkeit für Anfänger (Buch und Audio-CD), Freiburg 2009

Merkle, Rolf / Wolf, Doris: Verschreibungen zum Glücklichsein, Mannheim 2001

Prünte, Thomas: Der Anti-Stress-Vertrag, Wien 2003

Hubbertz, Michael: Achtsamkeitsübungen, Paderborn 2011

SIGRID ENGELBRECHT

ist freiberufliche Mental- und Wellnesstrainerin, gilt als Expertin für Kreativität und Persönlichkeitsentwicklung. Als Coach begleitet sie Menschen in beruflichen und persönlichen Veränderungsprozessen.

Die gelernte Diplom-Designerin, Malerin und elffache Buchautorin ist eine inspirierende Keynote-Rednerin im deutschsprachigen Raum.

© KREUZ VERLAG
in der Verlag Herder GmbH, Freiburg im Breisgau 2012
Alle Rechte vorbehalten
www.kreuz-verlag.de

Umschlaggestaltung: agentur IDee
Umschlagmotiv: © agentur IDee
Autorenfoto: © Art & Photo Urbschat, Berlin

Innengestaltung und Satz: agentur IDee · www.agenturIDee.de
Herstellung: L.E.G.O. Olivotto S.p.A., Vicenza

Gedruckt auf umweltfreundlichem, chlorfrei gebleichtem Papier
Printed in Italy

ISBN 978-3-451-61162-9

Gut leben

Sigrid Engelbrecht:
64 SEITEN GEGEN ANGST

64 Seiten, gebunden,
€ 9,99 / SFr 14,90 / €[A] 10,30
ISBN 978-3-451-61160-5

Gut leben

Kerstin Jeding:
**64 SEITEN
FÜR GUTEN SCHLAF**

64 Seiten, gebunden,
€ 9,99 / SFr 14,90 / €[A] 10,30
ISBN 978-3-451-66105-6

Kerstin Jeding:
**64 SEITEN
GEGEN STRESS**

64 Seiten, gebunden,
€ 9,99 / SFr 14,90 / €[A] 10,30
ISBN 978-3-451-66106-3